ESSENTIAL ELEMENTS
FOR BAND

MÉTHODE COMPLÈTE POUR ORCHESTRES ET HARMONIES SCOLAIRES

TIM LAUTZENHEISER
PAUL LAVENDER

JOHN HIGGINS
TOM C. RHODES

CHARLES MENGHINI
DON BIERSCHENK

Faire de la **MUSIQUE** c'est... **M**ettre chacun au centre d'une aventure artistique unique.
Utiliser les talents individuels pour la réussite d'un projet collectif.
Savoir écouter, respecter, partager et communiquer avec les autres.
Inventer de nouvelles couleurs pour créer un monde harmonieux,
Qui développe la créativité et renforce la confiance en soi.
Utiliser un espace de plaisir centré sur un langage universel.
Enrichir le quotidien dans tous les domaines de la vie.

LA MUSIQUE : un élément essentiel de la vie !

HISTOIRE DE LA TROMPETTE

La trompette fut connue dès l'Antiquité sous diverses formes droites. Ces instruments « naturels », sans pistons, étaient en bronze, en argent ou, plus rarement, en bois ou en roseau. Les trompettes médiévales, de différentes tailles, menèrent aux modèles incurvés à la fin du XIVe siècle. Pendant la Renaissance (1430-1600), elles accompagnaient de nombreuses cérémonies, militaires ou autres. À partir de l'époque baroque (1600-1750), la trompette fut employée de plus en plus dans la musique instrumentale et dans l'opéra.

En 1813, à Berlin, Heinrich Stölzel adapta deux pistons à l'instrument, puis trois en 1830, époque de la naissance, en France, du cornet en Si♭. Grâce aux pistons, il était maintenant possible de jouer toutes les notes d'une gramme chromatique sur ces deux instruments, qui sont très proches.

Le cornet et la trompette sont les instruments les plus aigus de la famille des cuivres. Comme ils jouent un rôle important dans le son d'un orchestre d'harmonie ou d'une formation de jazz, on les utilise pour des passages mélodiques, pour des parties d'accompagnement et en solo. La trompette (de perce cylindrique) est un peu plus longue que le cornet (de perce conique). Ce manuel parle de la trompette en Si♭, mais les instructions s'appliquent aux deux instruments.

Presque tous les grands compositeurs ont écrit pour la trompette, parmi lesquels Jean-Sébastien Bach et Mozart. Maurice André, Timofei Dokshizer, Miles Davis et Allen Vizzutti sont des trompettistes célèbres.

Code d'activation pour l'étudiant
E1TP-FR08-0938-5866

T0057435

ISBN 978-90-431-2363-1

HAL•LEONARD®
CORPORATION

7777 W. BLUEMOUND RD. P.O. BOX 13819 MILWAUKEE, WI 53213

ÉLÉMENTS DE BASE

Posture

Asseyez-vous sur le bord de votre siège et conservez toujours :

· Le dos bien droit
· Les épaules décontractées
· Les pieds à plat sur le sol

Respiration et souffle

La respiration est un acte naturel et constant. Bien respirer est essentiel pour produire un son ample et rond. Pour contrôler la respiration, effectuez l'exercice suivant :

· Placez la paume de votre main en face de votre bouche.
· Inspirez profondément, sans soulever les épaules. Votre ventre se gonfle comme un ballon.
· Murmurez doucement « tu... » en expirant l'air progressivement dans votre paume.

Le souffle forme une colonne d'air qui produit des sons lorsqu'elle traverse l'instrument. La langue agit comme une valve ou une soupape qui laisse passer l'air.

Produire un son

Le son est produit par la vibration des lèvres sous l'effet de l'air expulsé. L'embouchement est la position des lèvres sur l'embouchure de l'instrument. Comme il faut du temps et des efforts pour obtenir un bon embouchement, suivez attentivement les étapes suivantes :

LE BUZZ (VIBRATIONS DES LÈVRES)

· Tenez la queue de l'embouchure entre le pouce et l'index. Rassemblez les lèvres comme pour dire la lettre « m ». Centrez l'embouchure sur vos lèvres.
En gardant cette position, laissez l'air filtrer de vos lèvres. Assurez un bon contact entre les lèvres pour obtenir une mise en vibration. Cela est encore plus facile si vous serrez les commissures des lèvres. Le son ainsi produit correspond au bourdonnement de la mouche. C'est ce qu'on appelle le 'buzzing'. Ne gonflez pas les joues lorsque vous soufflez.

ÉMISSION DE NOTE

· Formez l'embouchement décrit ci-dessus. Pour obtenir une émission de note nette et précise, prononcez la syllabe "Tu" avec le bout de la langue. Veillez à souffler régulièrement et de façon continue. Concentrez-vous le son.

Entretien de l'instrument

Lorsque vous avez fini de jouer, avant de ranger l'instrument dans son étui :

· Ouvrez la clé d'eau pour évacuer la condensation à l'intérieur de l'instrument. Soufflez dans celui-ci.
· Retirez l'embouchure. Une fois par semaine, lavez-la à l'eau tiède. Séchez-la bien.
· Essuyez l'instrument avec un chiffon doux et propre. Rangez-le dans son étui.

Les pistons doivent être lubrifiés de temps en temps. Pour cela :

· Dévissez le chapeau supérieur du piston.
· Sortez à moitié le piston de son tube.
· Essuyez-le puis appliquez 3 ou 4 gouttes d'huile à pistons.
· Remettez le piston en place. Lorsqu'il est bien positionné, le chapeau se revisse facilement.

N'oubliez pas de lubrifier régulièrement les coulisses avec de la graisse à coulisses. Au besoin, votre professeur vous montrera comment faire.

EXERCICE D'EMBOUCHURE

Tenez la queue de l'embouchure entre le pouce et l'index. Embouchez puis inspirez profondément sans lever les épaules. Murmurez « tu » et expirez progressivement l'air de vos poumons. Efforcez-vous de produire un son uniforme.

 « tu... » | PAUSE | « tu... » | PAUSE |

3

Prise en main

Dans ce livre, toutes les instructions s'appliquent à la fois à la trompette et au cornet parce qu'on en joue de la même manière.

Étape 1 Placez le pouce et les doigts de la main gauche autour du bloc pistons. Cette main soutient l'instrument.

Étape 2 Passez l'annulaire gauche dans la bague de la troisième coulisse.

Étape 3 De la main droite, saisissez l'embouchure par sa cuvette. Insérez l'embouchure dans la branche en la tournant légèrement.

Étape 4 Recourbez les doigts de la main droite. Placez le pouce sous les corps des premier et deuxième pistons. Passez le petit doigt dans le crochet.

Étape 5 Assis ou debout, gardez toujours le dos bien droit. Tenez l'instrument comme sur le dessin.

SOLFÈGE

Identifiez et dessinez chacun de ces signes

Portée

La **portée** se compose de 5 lignes et 4 interlignes où l'on écrit les notes et les silences.

Lignes supplémentaires

Les **lignes supplémentaires** sont ajoutées au-dessous ou au-dessus de la portée pour écrire les notes qui se trouvent en dehors de celle-ci.

Mesures et barres de mesure

mesure *mesure*

barre de mesure *barre de mesure* *barre de mesure*

Les **barres de mesure** divisent la musique en **mesures**.

Note longue Pour commencer, nous prendrons une note en valeur longue. Tenez la note jusqu'à ce que le professeur vous dise d'arrêter. Travaillez les notes soutenues tous les jours pour améliorer votre son.

1. LA PREMIÈRE NOTE
Tenez chaque note longue (sans mesure) jusqu'à ce que le professeur vous dise d'arrêter. `CD 1 / 1`

1 2 3

Le Sol est joué à vide (sans pistons). Laissez vos doigts sur les pistons, recourbés de façon naturelle.

Les temps

Les **temps** marquent le rythme de la musique. Comme les battements du cœur, ils doivent être très réguliers. Pour cela, il est utile de compter à haute voix ou de taper du pied. Abaissez le pied sur chaque chiffre et relevez-le sur chaque « et » (&).

Un temps ou battement = 1   &
↓   ↑

Notes et silences

Les **notes** s'écrivent sur les lignes et dans les interlignes de la portée. Plus la note est placée sur les lignes ou dans les interlignes supérieures de la portée, plus elle est aiguë. Les figures (formes) de notes indiquent la durée des sons. À chaque figure de note correspond une figure de silence de même durée. Les **silences** indiquent le nombre de temps silencieux.

♩ **Noire   =   1 temps**

𝄽 **Soupir   =   1 temps de silence**

2. COMPTEZ ET JOUEZ
Une courte indication de pulsation (quatre clicks) précède le début du morceau. `CD 1 / 2`

Comptez et tapez du pied : **1 & 2 & 3 & 4 &** ↓ ↑ ↓ ↑ ↓ ↑ ↓ ↑   **1 & 2 & 3 & 4 &** ↓ ↑ ↓ ↑ ↓ ↑ ↓ ↑   **1 & 2 & 3 & 4 &** ↓ ↑ ↓ ↑ ↓ ↑ ↓ ↑   **1 & 2 & 3 & 4 &** ↓ ↑ ↓ ↑ ↓ ↑ ↓ ↑

3. UNE NOUVELLE NOTE `CD 1 / 3`
Vérifiez le doigté.

Le rond noir indique que le premier piston est abaissé.

4. UNE BONNE ÉQUIPE `CD 1 / 4`

Comptez et tapez du pied : **1 & 2 & 3 & 4 &   1 & 2 & 3 & 4 &   1 & 2 & 3 & 4 &   1 & 2 & 3 & 4 &**

5. LE CHEMIN D'EN BAS `CD 1 / 5`
Travaillez toutes les nouvelles notes sur des valeurs longues.

Mi
●●○

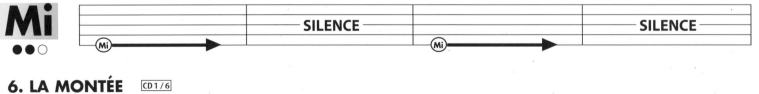

6. LA MONTÉE `CD 1 / 6`

Comptez et tapez du pied : **1 & 2 & 3 & 4 &   1 & 2 & 3 & 4 &   1 & 2 & 3 & 4 &   1 & 2 & 3 & 4 &**

Double barre — Indique la fin d'un morceau de musique

Barre de reprise — Sans vous arrêter, reprenez le morceau du début.

7. UN LONG VOYAGE CD 1 / 7

Double barre ▾

Ré

8. QUATRE PAR QUATRE CD 1 / 8

Barre de reprise ▾

Comptez et tapez du pied : 1 & 2 & 3 & 4 & 1 & 2 & 3 & 4 & 1 & 2 & 3 & 4 & 1 & 2 & 3 & 4 &

9. ATTERRISSAGE CD 1 / 9

Do

10. LE CLUB DES CINQ CD 1 / 10

1 & 2 & 3 & 4 & 1 & 2 & 3 & 4 & 1 & 2 & 3 & 4 & 1 & 2 & 3 & 4 &

Clé de Sol

La clé se place au début de la portée. Elle détermine le nom des notes et la hauteur des sons. La clé de Sol se place sur la 2ᵉ ligne de la portée (de bas en haut).

Chiffre indicateur de mesure

Le chiffre du haut indique le nombre de temps que contient chaque mesure. Le chiffre du bas indique le type de note qui équivaut à un temps.

= **4 temps** par mesure

= 1 temps vaut **1 noire**

Dièse ♯ élève d'un demi-ton le son de la note devant laquelle il est placé et ce dans toute la mesure.

Bémol ♭ abaisse d'un demi-ton le son de la note devant laquelle il est placé et ce dans toute la mesure.

Bécarre ♮ annule l'effet de toute altération (dièse ou bémol) placée dans une mesure.

Noms des notes

Les notes sont situées soit sur les lignes, soit dans les interlignes de la portée. Il y a sept noms de notes. Après avoir épuisé cette série, on recommence une seconde série identique à la première, puis une troisième, etc.

THEORIE

11. LISONS LES NOTES *Comparez cet exercice à l'exercice n° 10, LE CLUB DES CINQ* CD 1 / 11

1 & 2 & 3 & 4 & 1 & 2 & 3 & 4 & 1 & 2 & 3 & 4 & 1 & 2 & 3 & 4 &

12. PREMIER VOL CD 1 / 12

13. TEST *Écrivez le nom des notes avant de jouer.* CD 1 / 13

Do Ré Mi

La ronde

○ ———▶ = 4 temps

1 & 2 & 3 & 4 &

La pause

= 4 temps de silence

1 & 2 & 3 & 4 &

La pause

se place sous la 4e ligne de la portée.

La demi-pause

se place sur la 3e ligne de la portée.

20. RAP RYTHMIQUE *Marquez le rythme en tapant des mains et du pied tout en comptant.* CD 1 / 20

Tapez

1 & 2 & 3 & 4 & 1 & 2 & 3 & 4 & 1 & 2 & 3 & 4 & 1 & 2 & 3 & 4 & 1 & 2 & 3 & 4 & 1 & 2 & 3 & 4 &

21. L'INTÉGRALE CD 1 / 21

1 & 2 & 3 & 4 & 1 & 2 & 3 & 4 & 1 & 2 & 3 & 4 & 1 & 2 & 3 & 4 & 1 & 2 & 3 & 4 & 1 & 2 & 3 & 4 &

Duo Composition à deux voix. Pour constituer un duo il faut deux instrumentistes.

22. DÉCISION PARTAGÉE – duo CD 1 / 22

A

B

L'armature L'armature est l'ensemble des signes d'altération (♯) et (♭) placé au début de la portée, juste après la clé, pour indiquer la tonalité d'un morceau. L'armature de Do Majeur (ou La mineur) ne comporte aucune altération.

THEORIE

23. PAS DE MARCHE CD 1 / 23

24. ÉCOUTEZ NOS SECTIONS ! CD 1 / 24

Percussion Bois Cuivres Percussion Bois Cuivres Perc. Bois Cuivres Tous

25. PETIT JEAN CD 1 / 25

26. TEST *Insérez les barres de mesure avant de jouer.* CD 1 / 26

8

Point d'orgue 🎵 Prolongez la durée de la note (ou du silence) aussi longtemps que le souhaite le professeur.

27. TOUJOURS PLUS HAUT – Nouvelle note *Travaillez toutes les nouvelles notes sur des valeurs longues.* `CD 1 / 27`

28. AU CLAIR DE LA LUNE `CD 1 / 28`
Chanson traditionnelle française

29. REMIX `CD 1 / 29`

Harmonie L'art de combiner simultanément plusieurs sons différents. Chaque combinaison forme un *accord*.

30. LONDON BRIDGE – duo `CD 1 / 30`
Chanson traditionnelle anglaise

Le compositeur autrichien **Wolfgang Amadeus Mozart** (1756-1791) était un enfant prodige qui fit ses débuts de musicien professionnel à l'âge de six ans. Sa musique est mélodique et pleine d'imagination. Il composa plus de 600 œuvres durant sa courte vie dont la célèbre *Petite Musique de Nuit* et l'opéra *La Flûte Enchantée*. L'une de ses nombreuses pièces pour piano s'inspire de la célèbre chanson *Ah, vous dirai-je Maman*.

31. MÉLODIE DE MOZART `CD 1 / 31`
Arrangement

32. TEST *Avant de jouer, insérez les symboles manquants aux endroits appropriés*
`CD 1 / 32` *et écrivez les noms des notes :*

9

33. DES POCHES PROFONDES – Nouvelle note   CD 1 / 33

Si

34. GRIBOUILLAGES   CD 1 / 34

35. LA CORDE À SAUTER   CD 1 / 35

Anacrouse Une ou plusieurs notes qui précèdent la première mesure *entière*. La dernière mesure du morceau ne compte que le nombre de temps complétant la première mesure (mesure de levée).

36. DU TAC AU TAC   CD 1 / 36

▼ *Anacrouse*

4 &   1 & 2 & 3 & 4 &   1 & 2 & 3 &

Nuances *f* – *forte* (jouer fort)   *mf* – *mezzo forte* (jouer moyennement fort)   *p* – *piano* (jouer doucement)
Souvenez-vous de bien soutenir votre respiration pour pouvoir varier l'intensité sonore.

37. FORT ET DOUX   CD 1 / 37

Tapez des mains

38. VIVE LE VENT   CD 1 / 38

J.S. Pierpont

39. MEIN DREYDL *Soutenez bien la respiration à tous les niveaux d'intensité sonore.*   CD 1 / 39

Chant de Noël yiddish

Mesure à 2/4

= **2 temps** par mesure
= 1 temps vaut **1 noire**

Battre la mesure

Exercez-vous à battre la mesure à deux temps.

46. RAP RYTHMIQUE CD 1 / 46

Tapez des mains

47. DEUX PAR DEUX CD 1 / 47

Indications de tempo

Le *tempo* indique le mouvement, plus ou moins rapide, à respecter pendant l'interprétation d'un morceau de musique. Les indications de tempo sont généralement en italien et sont placées au-dessus de la portée.

Allegro – Vif, allègre **Moderato** – Modéré **Andante** – Modéré (allant)

48. HIGH SCHOOL CADETS – Marche CD 1 / 48

John Philip Sousa

Allegro

49. PERSONNE À LA MAISON – Nouvelle note CD 1 / 49

La

Moderato

△ La

Nuances

Crescendo
(en augmentant progressivement le son)

Decrescendo ou *Diminuendo*
(en décroissant, en diminuant progressivement le son)

50. TAPEZ LES NUANCES CD 1 / 50

Tapez

51. JOUEZ LES NUANCES CD 1 / 51

PIÈCES DE CONCERT

52. PIÈCES PRÉPARATOIRES CD 1 / 52

TRAVAIL DU SON

ÉTUDE DE RYTHME

RAP RYTHMIQUE

Tapez des mains

Tapez du pied !

CHORAL

Andante

53. AURA LEE – Duo ou arrangement pour orchestre CD 1 / 53

George R. Poulton

(Partie A = Ligne mélodique, Partie B = Accompagnement)

Andante

54. FRÈRE JACQUES – Canon CD 1 / 54

Chanson traditionnelle française

(Lorsque le groupe A atteint 2, le groupe B commence à 1)

Moderato

PIÈCES DE CONCERT

55. WHEN THE SAINTS GO MARCHING IN – Arrangement pour orchestre CD 1 / 55   Arr. John Higgins

56. OLD MACDONALD HAD A BAND – Spécial sections CD 1 / 56

57. HYMNE À LA JOIE (extrait de la 9ᵉ Symphonie) CD 1 / 57   Ludwig van Beethoven Arr. John Higgins

58. HARD ROCK BLUES – Pièce de rappel CD 1 / 58   John Higgins

Liaison de prolongation

La liaison de prolongation est une ligne courbe qui lie deux notes de même son. Elle indique qu'il faut ajouter la valeur de la seconde note à la valeur de la première.

 = 2 temps

59. LIAISON ÉTABLIE [CD 2 / 1]

2 temps

60. ALOUETTE [CD 2 / 2]

Chanson traditionnelle française

3 temps

Blanche pointée

= 3 temps
1 & 2 & 3 &

point
Le point augmente de moitié la durée de la note.

2 temps + 1 temps = 3 temps

61. ALOUETTE – Suite [CD 2 / 3]

Chanson traditionnelle française

HISTOIRE

Le compositeur américain **Stephen Collins Foster** (1826-1864) est né près de Pittsburgh, en Pennsylvanie.
Des chansons comme *Oh! Susanna*, devenue célèbre à l'époque de la ruée vers l'or (1849), en ont fait l'auteur-compositeur le plus connu de son époque. Parmi ses autres compositions célèbres, on citera *My Old Kentucky Home* et *Camptown Races*.

62. CAMPTOWN RACES [CD 2 / 4]

Stephen Colllins Foster

Allegro
mf

63. NOUVELLE ORIENTATION [CD 2 / 5]

64. LES NOBLES *Le débit d'air ne doit pas faiblir. Les doigts restent sur les pistons, recourbés de façon naturelle.* [CD 2 / 6]

3 temps

65. TEST [CD 2 / 7]

Mesure à 3/4

= **3 temps** par mesure

= 1 temps vaut **1 noire**

Battre la mesure

Exercez-vous à battre la mesure à trois temps.

66. RAP RYTHMIQUE   CD 2 / 8

Tapez

67. JAM SESSION À TROIS TEMPS   CD 2 / 9

68. BARCAROLLE   CD 2 / 10

Jacques Offenbach

HISTOIRE

En 1875, le compositeur norvégien **Edvard Grieg** (1843-1907) compose la musique de scène pour *Peer Gynt*, un drame fantastique d'Henrik Ibsen. *Au Matin* constitue un des quatre tableaux de la suite orchestrale *Peer Gynt*. La musique de scène est une musique d'accompagnement, comme la musique pour le cinéma ou la télévision.

69. AU MATIN (extrait de *Peer Gynt*)   CD 2 / 11

Edvard Grieg

Accent   Accentuez la note.

70. ACCENTUEZ VOTRE TALENT   CD 2 / 12

Tapez

HISTOIRE

Les racines de la **musique latino-américaine** se trouvent dans les cultures africaine, amérindienne, espagnole et portugaise. Très variée, cette musique se caractérise par un accompagnement dynamique de tambours et autres accessoires de percussion (maracas, claves, etc.). La musique latino-américaine influence encore le jazz, la musique classique et la musique pop.
Las Chiapanecas est un air traditionnel accompagnant les danses et les jeux des enfants.

71. LAS CHIAPANECAS   CD 2 / 13

Air traditionnel d'Amérique latine

72. EXERCICE DE CRÉATIVITÉ   *Composez votre propre musique pour les mesures 3 et 4 sur le rythme indiqué :*

CD 2 / 14

16

THEORIE

Altération accidentelle

Un dièse, un bémol ou un bécarre placé devant une note et ne figurant pas dans l'armature est qualifié d'**altération accidentelle**.

Bémol ♭

Le **bémol** abaisse d'un demi-ton le son de la note devant laquelle il est placé et ce dans toute la mesure. Ainsi, le La♭, par exemple, sonne un demi-ton plus bas que le La naturel.

73. CROISSANTS CHAUDS – Nouvelle note `CD 2 / 15`

△ Si♭   △ Le bémol s'applique à tous les Si de la mesure.

74. DANSE COSAQUE `CD 2 / 16`

▽ Si♭

75. BLUES DE BASE – Nouvelle note `CD 2 / 17`

▽ Si♭   Le bémol s'applique à tous les Si de la mesure. ▽

THEORIE

Nouvelle armature

Cette armature indique la *tonalité de Fa Majeur* – tous les Si sont bémolisés.

Mesures de 1ʳᵉ et 2ᵉ fois

Jouez le morceau jusqu'à la mesure de 1ʳᵉ fois, reprenez au début et passez directement à la mesure de 2ᵉ fois.

76. HAUT VOL `CD 2 / 18`

Moderato   ▽ Si♭

1.   2.

2e fois ➝

HISTOIRE

Les origines de la **musique traditionnelle japonaise** se trouvent dans la Chine antique. Les mélodies traditionnelles comme *Sakura, Sakura* étaient jouées sur des instruments tels que le **Koto**, une sorte de cithare à 13 cordes qui remonte à plus de 4000 ans, et le **Shakuhachi**, une flûte en bambou. Le son unique de cette vieille mélodie japonaise provient de l'emploi de la gamme pentatonique, qui est formée de cinq sons seulement.

77. SAKURA, SAKURA – Arrangement pour orchestre `CD 2 / 19`

Chanson traditionnelle japonaise
Arr. John Higgins

Andante

78. PERCHÉS SUR UN TOIT CD 2 / 20

Allegro

mf
Vérifiez l'armature

79. BON VIEUX SAINT NICOLAS – Duo CD 2 / 21

Chanson traditionnelle américaine

Moderato

Voir page 9 pour d'autres airs de Noël, **Mein Dreydl** et **Vive le vent**.

80. LE GRAND SOUFFLE - Nouvelle note CD 2 / 22

Do

81. VALSE EXTRAITE DE LA VEUVE JOYEUSE CD 2 / 23

Franz Lehár

Moderato

82. À L'ANTENNE CD 2 / 24

83. RETOUR DE L'ALOUETTE CD 2 / 25

Allegro

84. TEST CD 2 / 26

Moderato

85. EXERCICE DE CRÉATIVITÉ Improvisez vos propres rythmes en utilisant ces notes : CD 2 / 27

EXERCICES PRÉPARATOIRES QUOTIDIENS

POUR DÉVELOPPER LA SONORITÉ ET LA TECHNIQUE

86. TRAVAIL DU SON *Le débit d'air doit être régulier.* `CD 2/28`

87. TRAVAIL DU RYTHME `CD 2/29`

88. TRAVAIL DE LA TECHNIQUE `CD 2/30`

89. CHORAL : JÉSUS QUE MA JOIE DEMEURE *(extrait de la Cantate BWV 147)* `CD 2/31` Jean-Sébastien Bach

THEORIE

Thème et variations

Forme musicale comprenant une mélodie principale, le **thème**.
Les **variations** consistent à modifier le thème.

90. VARIATIONS SUR UN THÈME CONNU `CD 2/32`

D.C. al Fine

Répétition d'un morceau à partir du début jusqu'à un endroit de la partition signalé par le mot **Fine** (ou Fin), qui termine également le morceau.

Da Capo signifie « à partir du début », **al Fine** signifie « jusqu'à la fin ».

91. BANANA BOAT SONG `CD 2/33`

Chanson traditionnelle des Caraïbes

Dièse ♯ élève d'un demi-ton le son de la note devant laquelle il est placé et ce dans toute la mesure.

92. AU BORD DE L'ABÎME – Nouvelle note [CD 2 / 34]

Fa♯

○●○

△ Fa♯

93. LA BOÎTE À MUSIQUE [CD 2 / 35]

Moderato

p   △ Fa♯

Les **spirituals**, une forme de chant religieux afro-américain, sont nés vers la fin du XVIIIe siècle, pendant la période d'esclavage aux États-Unis. Ils réunissent des éléments des chants religieux européens et des formules rythmiques dérivées de la tradition africaine. La première collection de spirituals fut publiée en 1867, quatre ans après l'introduction de la loi contre l'esclavage.

HISTOIRE

94. EZEKIEL SAW THE WHEEL [CD 2 / 36]

Allegro   Spiritual afro-américain

f

Liaison d'expression La **liaison d'expression** est une ligne courbe qui se place sur deux ou plusieurs notes différentes. Elle indique qu'il faut les lier entre elles et en soutenir le son.

95. LA MAIN DANS LA MAIN [CD 2 / 37]

△ *2 notes liées : seule la première est détachée (« Tu »).*

96. GLISSADES [CD 2 / 38]

△ *4 notes liées : seule la première est détachée (« Tu »).*

Le **ragtime** est un style musical américain très populaire entre les années 1890 et la Première Guerre mondiale. Cette première forme de jazz a rendu célèbres des pianistes tels que Jelly Roll Morton et Scott Joplin, auteur de *The Entertainer* et *Maple Leaf Rag*. Des compositeurs de musique savante, comme Igor Stravinski et Claude Debussy, se sont inspirés du ragtime.

HISTOIRE

97. RAG DES TROMBONES [CD 2 / 39]

Allegro   1.   2.

f

98. TEST [CD 2 / 40]

Andante   Fine   D.C. al Fine

p

99. LE GRAND JEU - Nouvelle note CD 2 / 41

Si

Phrase

Une **phrase** musicale est formée de mesures qui constituent un groupe homogène, une ligne mélodique.

La **phrase** musicale organise la durée de la musique comme les phrases d'un texte en littérature.

Essayez de jouer une **phrase** sans respirer.

100. UN VENT FRAIS CD 2 / 42

101. PHRASÉOLOGIE *Séparez les phrases par un signe de respiration.* CD 2 / 43

Nouvelle armature

Cette armature indique la *tonalité de Sol Majeur* – Les Fa sont tous diésés.

Plusieurs mesures de silence

Le chiffre au-dessus de la portée indique le nombre de mesures. entières de silence. Comptez les mesures pour reprendre au bon moment.

1-2-3-4 **2**-2-3-4

102. SATIN LATIN CD 2 / 44

Le compositeur allemand **Jean-Sébastien Bach** (1685-1750), qui appartenait à une grande famille de musiciens réputés, devint le compositeur le plus admiré de l'époque baroque. D'abord membre d'un chœur, Bach devint bientôt organiste, professeur et compositeur – son œuvre abondante totalise plus de 600 compositions. Ce *Menuet*, une danse de cour à 3 temps, fut écrit en tant qu'exercice pour clavecin.

103. MENUET – duo CD 2 / 45

Jean-Sébastien Bach

104. EXERCICE DE CRÉATIVITÉ

CD 2 / 46

Cette mélodie peut être jouée en 3/4 ou en 4/4. Écrivez au crayon l'une des deux mesures à la clé et dessinez les barres de mesure avant de jouer. Ensuite, effacez les barres de mesure et essayez l'autre mesure à la clé. Les phrases donnent-elles une impression différente ?

Bécarre 🎵 Annule l'effet de toute altération (dièse ou bémol) placée dans une mesure.

105. NATURELLEMENT [CD 2 / 47]

△ Fa♯   △ Fa

Le compositeur autrichien **Franz Schubert** (1797-1828) a vécu moins longtemps que n'importe quel autre grand compositeur, mais il a écrit une quantité incroyable de musique : entre autres, plus de 600 *lieder* pour voix et piano, dix symphonies, de la musique de chambre, des opéras, des œuvres chorales et des pièces pour piano. Sa *Marche Militaire* était à l'origine écrite pour piano à 4 mains.

HISTOIRE

106. MARCHE MILITAIRE [CD 2 / 48]

Franz Schubert

107. ZONE BÉMOLISÉE – Nouvelle note [CD 2 / 49]

Mi♭

△ Mi♭

108. ON TOP OF OLD SMOKEY [CD 2 / 50]

Chanson traditionnelle américaine

Le **boogie-woogie** est un style pianistique de jazz, né au début du XXᵉ siècle. Il s'agit d'une forme instrumentale issue du blues, mais sur un rythme beaucoup plus rapide. En 1928, Clarence « Pine Top » Smith utilisa le terme pour la première fois sur un disque, *Pine Top's Boogie Woogie*.

HISTOIRE

109. BOTTOM BASS BOOGIE – duo [CD 2 / 51]

PIÈCES DE CONCERT

Solo avec accompagnement au piano

Ce solo peut être interprété avec ou sans accompagnement au piano. La mélodie est extraite de la *Symphonie n° 9 (« du Nouveau Monde »)* du compositeur tchèque **Antonin Dvořák** (1841-1904). Composée entre janvier et mai 1893 à New York, cette symphonie s'inspire de chants traditionnels américains et de spirituals. Le *Largo* en est le mouvement le plus célèbre.

118. THÈME – SYMPHONIE N° 9 « DU NOUVEAU MONDE » `CD 2 / 60`

Antonin Dvořák

Accompagnement de piano

SOUPLESSE DES LÈVRES

Les exercices de souplesse permettent d'apprendre à lier les notes sans changer de piston/position de la coulisse. Les cuivres doivent travailler cette technique régulièrement pour disposer des notes du registre aigu. Ajoutez l'exercice suivant aux exercices préparatoires quotidiens :

Les bons musiciens savent motiver les autres. Sur cette page, les clarinettistes travaillent le registre aigu de leur instrument (Sauts de chat). Les cuivres travaillent la souplesse des lèvres, tandis que les percussionnistes se concentrent sur les combinaisons de doigtés. Le succès de votre orchestre dépend des efforts et de la motivation de tous ses membres.

119. SAUTS DE CHAT N° 1   CD 3 / 2

120. SAUTILLEMENTS   CD 3 / 3

121. SAUTS DE CHAT N° 2 – Nouvelle note   CD 3 / 4

122. SAUTS DE JOIE   CD 3 / 5

123. SAUTS DE CHAT N° 3   CD 3 / 6

124. SAUTE-MOUTON   CD 3 / 7

Intervalle On appelle **intervalle** la distance qui sépare deux notes. En commençant avec « 1 » pour la note la plus grave, comptez chaque ligne et chaque interligne (nombre de degrés) entre les notes. Le numéro de la note la plus aiguë correspond à l'intervalle entre les deux notes.

THEORIE

125. TEST   *Écrivez les noms des intervalles, en comptant à partir de la note la plus grave.*   CD 3 / 8

126. SAUTS DE CHAT N° 4 CD 3 / 8

127. TROIS PAR TROIS CD 3 / 9

128. SAUTS DE CHAT N° 5 CD 3 / 10

129. EXERCICE DE TECHNIQUE CD 3 / 11

130. CROISEMENT - Nouvelle note CD 3 / 12

Ré

Δ Ré

Trio	Un **trio** est une composition à trois voix. Travaillez ce trio avec deux autres musiciens et écoutez bien l'harmonie des trois parties.

131. KUMBAYA – trio *Vérifiez toujours l'armature.* CD 3 / 13

Chanson traditionnelle africaine

Barres de reprise

Répétez le passage situé entre les **barres de reprise**.
(Lorsque les mesures de 1ʳᵉ et 2ᵉ fois sont intégrées dans le passage à répéter, il suffit alors revenir au premier signe de reprise et non au début du morceau.)

132. MICHAEL ROW THE BOAT ASHORE CD3/14

Spiritual afro-américain

Andante

133. VALSE AUTRICHIENNE CD3/15

Chanson traditionnelle autrichienne

Moderato

134. BOTANY BAY CD3/16

Chanson traditionnelle australienne

Allegro

THEORIE

Signe 𝄴

𝄴 = mesure à quatre-quatre (4/4)

Battre la mesure

Exercez-vous à battre la mesure à quatre temps.

135. EXERCICE DE TECHNIQUE *Travaillez cet exercice à tous les niveaux d'intensité sonore.* CD3/17

136. FINLANDIA CD3/18

Jean Sibelius

Andante

137. EXERCICE DE CRÉATIVITÉ

CD3/19

Créez vos propres variations en ajoutant, au crayon, un point et un crochet pour changer le rythme de n'importe quelle mesure de ♩ ♩ ♩ en ♩. ♪

138. GRANDS SAUTS DE CHAT `CD 3 / 20`

139. EXERCICE DE TECHNIQUE *Vérifiez toujours l'armature. Entourez les notes délicates.* `CD 3 / 21`

140. ENCORE UN EXERCICE DE TECHNIQUE `CD 3 / 22`

141. DU, DU LIEGST MIR IM HERZEN `CD 3 / 23`   Chanson traditionnelle allemande

142. THE SAINTS GO MARCHIN' AGAIN `CD 3 / 24`   James Black et Katherine Purvis

143. CHAT PERCHÉ `CD 3 / 25`

144. UNE BELLE TRAVERSÉE `CD 3 / 26`

145. ENCORE DES SAUTS DE CHAT `CD 3 / 27`

146. TRAITEMENT COMPLET `CD 3 / 28`

THEORIE

Gamme

Une **gamme** est une série ascendante ou descendante de sons conjoints. Pour former une gamme on utilise sept notes de noms différents plus une, la huitième qui n'est que la répétition de la première note à l'octave supérieure. La gamme peut être Majeure ou mineure. La gamme présentée ci-dessous est celle de Do Majeur, c'est-à-dire qu'elle commence et se termine par la note Do. L'intervalle entre les deux Do est une octave.

147. GAMME DE DO MAJEUR   CD 3 / 29

THEORIE

Accords et arpèges

Un **accord** est défini comme l'association de trois sons ou plus joués ensemble.
L'accord Majeur de trois sons est constitué de la note fondamentale (1er degré de la gamme),
de la tierce (3e degré de la gamme) et de la quinte (5e degré de la gamme).
Dans le cas d'un **accord brisé (arpège)**, les notes sont jouées successivement au lieu d'être jouées ensemble.

148. EN HARMONIE *Divisez les notes des accords entre les membres de l'orchestre et jouez-les.*   CD 3 / 30

149. GAMME ET ARPÈGE   CD 3 / 31

HISTOIRE

Le compositeur autrichien **Joseph Haydn** (1732-1809) a écrit 108 symphonies. Ces œuvres, dont beaucoup ont reçu un nom, se distinguent par un langage musical élégant et original, unique à l'époque. La *Symphonie n° 84* a été surnommée « *La Surprise* » parce que le deuxième mouvement, très doux, comprend un accord fortissimo très inattendu prétendument destiné à réveiller un public assoupi. Il existe plusieurs autres explications tentant d'élucider l'origine de cet effet sonore tonitruant qu'Haydn a ajouté après coup puisqu'il ne figure pas dans le manuscrit original.

150. THÈME DE LA SYMPHONIE N° 94, « LA SURPRISE »   CD 3 / 32

Joseph Haydn

151. TEST – THE STREETS OF LAREDO   CD 3 / 33

Chanson traditionnelle américaine

Écrivez les noms des notes avant de jouer.

PIÈCES DE CONCERT

152. SCHOOL SPIRIT – Arrangement pour orchestre [CD3/34]

W.T. Purdy
Arr. John Higgins

Soli

Le terme **solo** — au pluriel, des **solos** ou des **soli** — désigne une œuvre ou un fragment d'œuvre interprété par un ou plusieurs musicien soliste. Identifiez les instruments qui jouent les passages soli.

153. CARNAVAL DE VENISE – Arrangement pour orchestre [CD3/35]

Julius Benedict
Arr. John Higgins

EXERCICES PRÉPARATOIRES QUOTIDIENS
POUR DÉVELOPPER LA SONORITÉ ET LA TECHNIQUE

154. TRAVAIL DE L'ÉTENDUE ET DE LA SOUPLESSE CD3/36

155. TRAVAIL DE LA TECHNIQUE CD3/37

156. CHORAL CD3/38

Jean-Sébastien Bach

HISTOIRE

La mélodie traditionnelle hébraïque *Hatikvah* est l'hymne national d'Israël depuis la naissance de ce pays, en 1948.

157. HATIKVAH CD3/39

Hymne national d'Israël

Andante

165. AIR DE DANSE – Nouvelle note   `CD 3 / 47`

Le compositeur et chef américain **John Philip Sousa** (1854-1932) a écrit 136 marches. Surnommé « le roi de la marche », Sousa est l'auteur de *The Stars and Stripes Forever, Semper Fidelis, The Washington Post* et bien d'autres œuvres patriotiques.
À chaque fois que Sousa parcourt le monde avec son propre Orchestre à Vent, le public est ébloui par l'excellence des interprétations. On doit lui reconnaître une grande part de mérite dans le développement de l'Orchestre d'Harmonie tel que nous le connaissons aujourd'hui. La mélodie de l'exercice suivant est extraite de sa célèbre opérette, *El Capitan*.

166. EL CAPITAN   `CD 3 / 48`
John Philip Sousa

HISTOIRE *Ô Canada*, précédemment intitulée *Chanson nationale*, fut jouée pour la première fois en 1880 dans la région francophone du Canada. Cette œuvre fut traduite en anglais par Robert Stanley Weir en 1908, mais elle ne devint l'hymne national du Canada qu'en 1980, un siècle après sa création.

167. Ô CANADA   `CD 3 / 49`
Calixa Lavallée, Adolphe B. Routhier et R.S. Weir

168. TEST – SUR MESURE   `CD 3 / 50`
Comptez et tapez cet exercice avant de le jouer. Sauriez-vous le diriger ?

Enharmonie

L'enharmonie désigne la synonymie qui existe entre deux notes de noms différents mais affectées toutes deux au même son (et produites avec le même doigté). Le tableau de doigté qui se trouve pages 46-47 de votre manuel indique le doigté des **notes enharmoniques** (ou **notes synonymes**) pour votre instrument.

Sur le clavier d'un piano, chaque touche noire correspond à la fois à une note bémolisée et diésée.

THEORIE

169. LE CHARMEUR DE SERPENTS *Deux notes enharmoniques sont jouées avec le même doigté.* CD4/1

170. OMBRES PORTÉES CD4/2

171. RENCONTRES *Deux notes enharmoniques sont jouées avec le même doigté.* CD4/3

172. MARCHE SLAVE CD4/4

Piotr Ilitch Tchaïkovski

173. NOTES DÉGUISÉES CD4/5

Notes chromatiques

Une **gamme chromatique** est une gamme qui comprend la totalité des douze notes du système musical (autrement dit, l'ensemble des touches blanches et noires d'un clavier de piano qui se trouvent dans une intervalle d'octave). On appelle **notes chromatiques**, les notes qui constituent la gamme chromatique. Deux notes chromatiques sont séparées par un demi-ton.

THEORIE

174. ÉTUDE EN DEMI-TONS CD4/6

34

Les œuvres du compositeur français **Camille Saint-Saëns** (1835-1921) s'étendent à tous les genres musicaux, de l'opéra à la musique sacrée, de la symphonie à la musique de chambre. La *Danse Égyptienne* est un des principaux thèmes du célèbre opéra *Samson et Dalila*, écrit en 1877. Parmi ses œuvres les plus célèbres, on citera la grande fantaisie zoologique, *Le Carnaval des animaux*.

175. DANSE ÉGYPTIENNE *Faites attention aux notes enharmoniques.* CD 4 / 7 — Camille Saint-Saëns

176. BARQUE SOUS UNE LUNE D'ARGENT CD 4 / 8 — Chanson traditionnelle chinoise

Incompris de ses contemporains, le compositeur allemand **Ludwig van Beethoven** (1770-1827) est aujourd'hui l'un des compositeurs les plus universellement admirés. Sa surdité et son tempérament bouillonnant font de sa vie une légende.
Ses neuf symphonies et ses concertos pour piano sont les œuvres les plus connues. Sa *9ᵉ Symphonie* est interprétée lors de diverses célébrations festives telles que la cérémonie marquant la réunification de l'Allemagne, en octobre 1990.
Voici le thème du 2ᵉ mouvement de sa *7ᵉ Symphonie*.

177. THÈME (7ᵉ SYMPHONIE) – Duo CD 4 / 9 — Ludwig van Beethoven

Le compositeur russe **Piotr Ilitch Tchaïkovski** (1840-1893) a révolutionné l'histoire de la musique en donnant au ballet ses lettres de noblesse. Il triomphe avec *Le Lac des Cygnes, La Belle au Bois Dormant* et *Casse-Noisette*. Tchaïkovski est également l'auteur de six symphonies, de l'*Ouverture 1812* et du *Capriccio italien*, tous deux été écrits en 1880.

178. CAPRICCIO ITALIEN   *Vérifiez toujours l'armature.*   CD 4 / 10

Piotr Ilitch Tchaïkovski

179. AMERICAN PATROL   CD 4 / 11

F.W. Meacham

180. WAYFARING STRANGER   CD 4 / 12

Spiritual afro-américain

181. TEST – MAÎTRISE DES GAMMES   CD 4 / 13

PIÈCES DE CONCERT

182. AMERICA THE BEAUTIFUL – Arrangement pour orchestre CD 4 / 14

Samuel A. Ward
Arr. John Higgins

183. LA CUCARACHA – Arrangement pour orchestre CD 4 / 15

Chanson traditionnelle latino-américaine
Arr. John Higgins

PIÈCES DE CONCERT

184. THÈME (EXTRAIT DE L'*OUVERTURE 1812*) – Arrangement pour orchestre

Piotr Ilitch Tchaïkovski
Arr. John Higgins

PIÈCES DE CONCERT

Solo avec accompagnement au piano

Pour un musicien, jouer en public est une expérience particulièrement stimulante.
Ce solo est extrait de la *Symphonie n° 1* du compositeur allemand **Johannes Brahms** (1833-1897).
Cette symphonie fut achevée en 1876. Connais-tu d'autres œuvres célèbres de Brahms ?

185. THÈME - SYMPHONIE N° 1 – Solo *(Accompagnement au piano en Mi♭ Majeur)* CD 4 / 19

Johannes Brahms
Arr. John Higgins

DUOS

Voici pour vous l'occasion de jouer en duo avec un ami. L'autre musicien n'est pas obligé de jouer du même instrument que vous. Essayez de vous accorder parfaitement en termes de rythme, de justesse et de sonorité. Au bout d'un moment, vous arriverez peut-être à donner l'impression que les deux parties sont jouées par une seule personne !

Ensuite, essayez d'inverser les rôles.

186. SWING LOW, SWEET CHARIOT – duo CD 4 / 22   Spiritual afro-américain

187. LA BAMBA – duo CD 4 / 23   Chanson traditionnelle mexicaine

ÉTUDE DES GAMMES DE RUBANK®

TONALITÉ DE DO MAJEUR

1. CD 4 / 24

2. CD 4 / 25

3. CD 4 / 26

4. CD 4 / 27

TONALITÉ DE FA MAJEUR   *Dans cette tonalité, les Si sont bémolisés.*

1. CD 4 / 28

2. CD 4 / 29

3. CD 4 / 30

4. CD 4 / 31

ÉTUDE DES GAMMES DE RUBANK®

TONALITÉ DE SOL MAJEUR   *Dans cette tonalité, tous les Fa sont diésés.*

42

ÉTUDES DE RYTHME

ÉTUDES DE RYTHME

CD 4 / 42 (tempo lent)
CD 4 / 43 (tempo rapide)

CD 4 / 44 (tempo lent)
CD 4 / 45 (tempo rapide)

COMPOSITION MUSICALE

THEORIE

Composition

Dans le domaine musical, la **composition** est l'art d'écrire une œuvre imaginée par soi-même. Le processus commence souvent par la création d'une mélodie composée de **phrases** individuelles, comme on le ferait pour un texte. Certaines mélodies comportent des phrases qui semblent répondre à d'autres phrases ressemblant à des questions, comme dans l'*Hymne à la joie* de Beethoven. Jouez cette mélodie et écoutez comme les phrases 2 et 4 répondent de façon légèrement différente à la même « question » (phrases 1 et 3).

1. HYMNE À LA JOIE

Ludwig van Beethoven

2. QUESTIONS ET RÉPONSES *Écrivez vos propres « réponses » aux phrases 1 et 3 de cette mélodie.*

3. CRÉATION DE PHRASES *Écrivez 4 phrases différentes selon le rythme indiqué au-dessus de chaque portée.*

4. PREMIÈRE COMPOSITION : _____

Prenez l'une des phrases (A, B, C ou D) ci-contre et reproduisez-la dans les parties « Question » ci-dessous. Ensuite, écrivez 2 réponses différentes (phrases 2 et 4).

THEORIE

Improvisation

L'**improvisation** est une manière d'inventer librement et de jouer simultanément de la musique. Servez-vous des notes données pour jouer votre propre mélodie (ligne A) en harmonie avec l'accompagnement (ligne B).

5. MÉLODIE INSTANTANÉE

Cette page vous permet de noter vos progrès par rapport à ce livre. Coloriez les étoiles selon les directives de votre professeur.

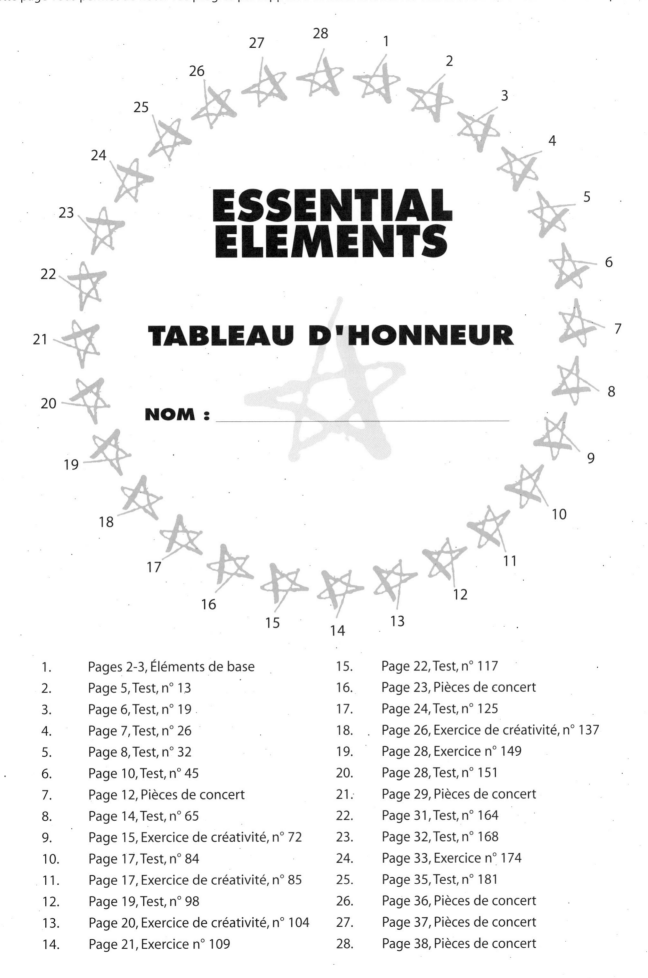

ESSENTIAL
ELEMENTS

TABLEAU D'HONNEUR

NOM : _____

1.	Pages 2-3, Éléments de base	15.	Page 22, Test, n° 117
2.	Page 5, Test, n° 13	16.	Page 23, Pièces de concert
3.	Page 6, Test, n° 19	17.	Page 24, Test, n° 125
4.	Page 7, Test, n° 26	18.	Page 26, Exercice de créativité, n° 137
5.	Page 8, Test, n° 32	19.	Page 28, Exercice n° 149
6.	Page 10, Test, n° 45	20.	Page 28, Test, n° 151
7.	Page 12, Pièces de concert	21.	Page 29, Pièces de concert
8.	Page 14, Test, n° 65	22.	Page 31, Test, n° 164
9.	Page 15, Exercice de créativité, n° 72	23.	Page 32, Test, n° 168
10.	Page 17, Test, n° 84	24.	Page 33, Exercice n° 174
11.	Page 17, Exercice de créativité, n° 85	25.	Page 35, Test, n° 181
12.	Page 19, Test, n° 98	26.	Page 36, Pièces de concert
13.	Page 20, Exercice de créativité, n° 104	27.	Page 37, Pièces de concert
14.	Page 21, Exercice n° 109	28.	Page 38, Pièces de concert

LA MUSIQUE – UN ÉLÉMENT ESSENTIEL DE LA VIE

TABLEAU DE DOIGTÉ

TROMPETTE / CORNET EN SI♭

Entretien de l'instrument - Rappel

Lorsque vous avez fini de jouer, avant de ranger l'instrument dans son étui :

- Ouvrez la clé d'eau pour évacuer la condensation à l'intérieur de l'instrument. Soufflez dans celui-ci.
- Retirez l'embouchure. Une fois par semaine, lavez-la à l'eau tiède. Séchez-la bien.
- Essuyez l'instrument avec un chiffon doux et propre. Rangez-le dans son étui.

Les pistons doivent être lubrifiés de temps en temps. Pour cela :

- Dévissez le chapeau supérieur du piston.
- Sortez à moitié le piston de son tube.
- Essuyez-le puis appliquez 3 ou 4 gouttes d'huile à pistons.
- Remettez le piston en place. Lorsqu'il est bien positionné, le chapeau se revisse facilement.

N'oubliez pas de lubrifier régulièrement les coulisses avec de la graisse à coulisses. Au besoin, votre professeur vous montrera comment lubrifier votre instrument.

ATTENTION : Si une coulisse, un piston ou l'embouchure sont coincés, demandez l'aide de votre professeur ou faites appel à un spécialiste. N'employez aucun outil. Vous risquez d'endommager l'instrument.

TROMPETTE SI♭

CORNET SI♭

○ = Piston en position haute
● = Piston abaissé

Photo reproduite avec l'aimable autorisation de Yamaha Musique France.

Fa♯ Sol♭

Sol

Sol♯ La♭

La

La♯ Si♭

Si

Do

Do♯ Ré♭

TABLEAU DE DOIGTÉ

TROMPETTE / CORNET EN SI♭

Ré	Ré♯ Mi♭	Mi	Fa

Fa♯ Sol♭	Sol	Sol♯ La♭	La

La♯ Si♭	Si	Do	Do♯ Ré♭

Ré	Ré♯ Mi♭	Mi	Fa

Fa♯ Sol♭	Sol	Sol♯ La♭	La

La♯ Si♭	Si	Do

INDEX